# E-CLIP ④

감성적 창의 주도성 향상 프로그램

# 동기를 키우자

Motive II

**E-CLIP ④**

감성적 창의 주도성 향상 프로그램

# 동기를
# 키우자

Motive II

**초판 1쇄 인쇄** 2022년 8월 8일
**초판 1쇄 발행** 2022년 8월 8일

**지은이** 송인섭
**펴낸이** 김선식

**경영총괄** 김은영
**책임편집** 박슬기　**디자인** 차다운　**책임마케터** 이석원
**연구개발팀장** 김재민　**연구개발팀** 박슬기, 차다운, 장민지, 조아리
**콘텐트리팀** 김길한, 임인선, 이석원, 윤기현
**저작권팀** 한승빈, 김재원, 이슬
**재무관리팀** 하미선, 윤이경, 김재경, 오지영, 안혜선
**인사총무팀** 김혜진, 황호준
**제작관리팀** 박상민, 최완규, 이지우, 김소영, 김진경, 양지환
**물류관리팀** 김형기, 김선진, 한유현, 민주홍, 전태환, 전태연, 양문현, 최창우

**펴낸곳** 다산북스　**출판등록** 2005년 12월 23일 제313-2005-00277호
**주소** 경기도 파주시 회동길 490
**전화** 02-704-1724　**팩스** 02-703-2219　**이메일** dasanbooks@dasanbooks.com
**홈페이지** www.dasanbooks.com　**블로그** blog.naver.com/dasan_books
**다산전인교육캠퍼스** www.dasaneducation.co.kr
**종이** IPP　**인쇄** 민언프린텍　**제본** 국일문화사

ISBN 979-11-306-9111-4 (64370)
　　　979-11-306-9107-7 (세트)

## 1. 송인섭 교수

세계적인 자기주도학습법 권위자인 송인섭 교수는 숙명여대에서 35년 간 교수로 재직했으며, 현재 동 대학교 명예교수이자 다산전인교육캠퍼스 원장을 맡고 있습니다. 또한 한국교육심리연구회 회장, 한국교육평가학회 회장, 한국영재연구원 원장과 AERA(American Educational Research Association)에서 발행하는 학술지의 논문심사위원을 역임했으며, 70여 권의 교육 저서를 집필했습니다.

송인섭 교수는 주입식 교육이 일반적이었던 한국 교육에 자기주도학습이라는 개념을 최초로 도입해 확산하였으며, EBS 〈교육실험 프로젝트 - 스스로 공부하는 아이 만들기〉, 〈공부의 왕도〉, 〈교육 마당〉 등에 출연하여 자기주도학습의 효과를 입증하였습니다. 그리고 이 내용을 담은 《공부는 전략이다》는 부모 및 교육 관계자들에게 수십만 부 이상 판매되며, 교육계에 새로운 패러다임을 가져왔습니다. 이후로도 20여 년간 《공부는 실천이다》, 《와일드》, 《혼공의 힘》 등 교육 분야의 도서를 출간하고 자기주도학습 강연을 하며 한국 교육을 이끌고 있습니다.

또한 송인섭 교수는 다양한 학습 프로젝트를 수행하며 수십만 명이 넘는 학생과 학부모, 교사를 만나 자기주도적 공부 전략을 소개하고 상담했습니다. 이 과정에서 많은 아이가 공부에 실패를 겪고 상처받는다는 공통점을 발견하였습니다. 아이들은 자신에게 맞는 공부법만 찾으면 충분히 극복할 수 있는 문제임에도 해결 방법을 몰라 고민하고 있었습니다. 이들을 위해 송인섭 교수는 수십만 건의 실제 학습 문제 상황을 수집하고 연구하였습니다. 그 결과 자기주도학습을 바탕으로 각자의 상황에 맞춰 공부하는 힘을 기르는 새로운 학습 프로그램인 《E-CLIP》을 개발하였고, 이 프로그램을 여러 심리 센터에 적용해 높은 성과를 얻고 있습니다.

'**E-CLIP**(Emotional Creative Leadership Improvement Program)'은 실제 교육 현장에서 총 8,950명의 학습자를 대상으로 20년 동안 관찰과 실험, 상담을 통해 얻은 빅데이터로 개발한 '감성적 창의 주도성 향상 프로그램'입니다. 프로그램 연구와 개발에는 자기주도학습법 권위자 송인섭 교수와 다수의 교육심리학 전문 연구진이 참여했습니다.

## 2. 심리 검사 및 교재 연구

**전문 연구 위원**(가나다순)

- 김수란 우석대 교수
- 김희정 대구대 교수
- 성소연 호서대 교수
- 이희연 한국교육개발원 책임
- 정유선 아주대 교수
- 최지혜 을지대 교수

- 김누리 목포해양대 교수
- 남궁정 숙명여대 교수
- 안혜진 수원여대 교수
- 정숙희 숙명여대 교수
- 최보라 숙명여대 교수
- 한윤영 숭실대 교수

- 김은영 루터대 교수
- 박소연 숙명여대 교수
- 육진경 루터대 교수
- 정미경 한경대 교수
- 최영미 한경대 교수

## 3. 심리 검사 및 교재 개발

**개발 총괄**

- 김영아 다산전인교육캠퍼스 부원장

**개발 위원**

- 이상섭 건양대학교병원 의학과
- 최이선 닥터맘심리연구소 소장

# E-CLIP

Emotional Creative Leadership Improvement Program

감성적 창의 주도성 향상 프로그램

　4차 산업혁명 시대에 사회가 바라는 인재상과 역량은 기존과는 전혀 다릅니다. 현존하는 많은 직업이 인공지능(AI)으로 대체되고, 새로운 직업군이 만들어지는 등 직업의 개념이 바뀔 것입니다. 우리는 이런 변화에 대처하기 위해서는 자신만의 특성을 찾고 고유한 능력을 개발해야 합니다. 4차 산업혁명 시대를 대비해 '나는 누구인가?', '나는 어떤 능력을 준비해야 하는가?'에 대한 고민이 필요하며, 그 물음에 대한 해답이 바로 'E-CLIP'입니다.

　'E-CLIP'은 자기주도학습의 최고 권위자 송인섭 교수와 수십 명의 연구진이 20년 동안 개발한 '자생력 기반 자기주도학습 프로그램'으로 학습자 고유의 감성적 창의성을 계발하여 스스로 자신이 처한 환경 전반을 이끌어 갈 수 있는 인재를 기르는 교육입니다. E-CLIP의 바탕을 이루는 '자생력(감성적 창의성)'은 하늘에서 뚝 떨어진 새로운 개념도 천재적인 번뜩임 같은 특출한 능력도 아닙니다. 누구나 교육으로 익힐 수 있는 능력입니다. '자생력(감성적 창의성)'은 공부의 기틀을 다지는 힘이며 이것은 기계와 차별화되는 인간만의 본성인 감성에 일상의 다양한 문제와 활동을 새롭게 배열하고 통합하고 연결하는 창의성을 더한 개념입니다. 즉, 인공지능에는 없는 인간다움, 인간만이 할 수 있는 능력인 생각하는 능력, 상상력, 문화, 예술, 철학, 역사의식, 신념과 꿈을 실현하려는 확고한 의지 등이 바로 '자생력(감성적 창의성)'입니다.

　E-CLIP 학습자가 된다는 것은 첫째, 학습의 주도권이 외부 환경으로부터 학습자에게 옮겨오는 것을 뜻합니다. 학업 성취 수준과 관계없이 스스로 학습하는 습관을 형성하고 위기를 극복하는 내적인 힘을 키우는 것입니다. 이 내적인 힘은 학습자가 경험하는 다른 상황에도 전이되어 학습자의 내면적 성장을 돕습니다. 둘째, 학습 성향 진단을 통해 문제점을 보완하고 자신에게 맞는 방향을 찾아 잠재 능력을 개발할 수 있습니다. 셋째, 학습자들은 학습 행동을 주도하는 과정을 통해 학습 몰입 경험을 하게 되며 자기 생각을 표현하고 다른 사람과 소통할 수 있는 능력을 기르게 됩니다. 이렇듯 자생력을 기반으로 하는 E-CLIP은 자신의 목표와 가치를 온전히 펼칠 수 있는 최선의 방법이며 전인적 자아실현을 통해 행복한 삶의 길을 열어 줄 것입니다.

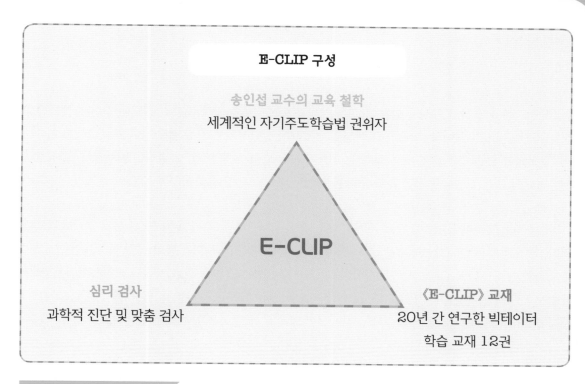

**E-CLIP 구성**

송인섭 교수의 교육 철학
세계적인 자기주도학습법 권위자

E-CLIP

심리 검사
과학적 진단 및 맞춤 검사

《E-CLIP》 교재
20년 간 연구한 빅데이터
학습 교재 12권

## 송인섭 교수의 교육 철학

세계적인 자기주도학습법 권위자

송인섭 교수는 지나친 사교육으로 교육의 본질에 대한 심각한 문제가 대두되던 시기에 자기주도학습을 통해 한국 교육에 변화를 불러일으켰습니다. 그 후 수십 명의 전문 연구진과 교육심리학 이론을 배경으로 학습자들을 개별 관찰, 상담하며 학습자가 공부를 하는 이유와 배경이 무엇인지 찾는 과정에서 자생력이라는 개념을 새롭게 정의했습니다.

송인섭 교수의 교육 철학이 그대로 담긴 자생력은 인간만의 고유한 능력인 감성에 창의성을 겸비한 것으로, 심리학에서 가져온 개념입니다. 자생력의 뿌리가 되는 구성인자는 통찰력 있는 창의성, 통찰력 있는 융합, 통찰력 있는 리더십입니다. 통찰은 개개인의 능력이나 환경에 좌우되지 않고 경험의 축적과 노력 여하에 따라 향상될 수 있는 지극히 감성적인 요소입니다. 통찰 위에 창의적인 생각이 움트고, 정보와 지식을 연결하는 융합적 사고와 사회적 리더십을 발휘할 때 비로소 자생력이 완성됩니다.

이를 바탕으로 개발된 'E-CLIP'은 세계적인 자기주도학습법 권위자 송인섭 교수의 20년 연구 결정체입니다. 자생력을 과학적으로 측정하기 위한 심리 검사와 자생력을 증진하고 계발하기 위한 《E-CLIP》 교재의 상호작용을 통해 학습자의 '공부하는 힘'을 향상시키고 있습니다.

## 심리 검사

과학적 진단 및 맞춤 검사

심리 검사는 학습자가 가지고 있는 '감성적 창의 주도성' 수준을 과학적으로 진단해서 현재 강점과 약점을 확인하는 도구입니다. 학습자의 특성을 정확하게 진단하고 이를 토대로 교육 프로그램을 이수하는 데 목적이 있습니다. 학습자는 심리 검사의 개인 맞춤형 성향 분석 및 결과를 바탕으로, 교육심리 전문가와의 1 대 1 상담을 통해 학습 문제를 이해하고 학습 방향을 설계할 수 있습니다.

검사는 종합적 자생력 검사 1종과 동기, 인지, 몰입, 자아존중감 등 개별 검사 5종으로 구성되어 있습니다. 동기 검사는 《E-CLIP》 1권, 인지 검사는 《E-CLIP》 2권과 3권, 동기 심화 검사는 《E-CLIP》 4권, 몰입 검사는 《E-CLIP》 5권, 자아존중감 검사는 《E-CLIP》 6권과 연결되어 있습니다. 그리고 종합적 자생력 검사는 《E-CLIP》 1~12권에 나오는 모든 특성을 점검할 수 있는 검사로, 《E-CLIP》 시작 전과 후에 각각 검사하면 학습자의 '감성적 창의 주도성' 변화를 알아볼 수 있습니다.

---

### 심리 검사 방법

심리 검사는 간편하고 빠르게 개인별 수준을 점검할 수 있는 'Short-Form 무료 검사'와 표준화된 검사 시스템인 'Long-Form 심층 검사'로 나뉩니다. 각 검사의 이용 방법은 아래와 같습니다.

#### Short-Form 무료 검사

다산전인교육캠퍼스 홈페이지(www.dasaneducation.co.kr)에서 PDF 다운로드를 통해 무료로 검사할 수 있습니다. 즉각적인 진단을 통해 바로 《E-CLIP》 학습을 원하는 경우에 추천합니다.

PDF 다운로드
www.dasaneducation.co.kr 접속 〉 심리 검사 〉 Short-Form 무료 검사

#### Long-Form 심층 검사

다산전인교육캠퍼스 홈페이지(www.dasaneducation.co.kr)에서 오프라인 심층 검사를 신청할 수 있습니다. 전문적인 검사로 학습자의 특성을 깊이 있게 파악하고, 전문가의 상담을 원하는 경우에 추천합니다.

신청 및 이용 방법
www.dasaneducation.co.kr 접속 〉 심리 검사 〉 Long-Form 심층 검사

## 《E-CLIP》교재

20년 간 연구한 빅테이터 학습 교재 12권

《E-CLIP》은 송인섭 교수가 전문 연구진들과 8,950명의 학습자를 대상으로 20년 간 연구한 결과물에 학습 만화《who?》의 위인 이야기를 더해서, 쉽고 재미있게 감성적 창의 주도성을 높이는 학습서입니다. 본 교재는 1~12권으로 나누어져 있으며, 심리 검사 결과를 바탕으로 학습자 수준에 맞춰 권 별 집중 학습 및 개별 수업을 진행할 수 있습니다.

### 《E-CLIP》의 주제

| 권 | 주제 | 학습 목표 | 프로그램 | | |
|----|------|-----------|----------|---|---|
| | | | 학습 동기 향상 프로그램 | 학습 목표 향상 프로그램 | 진로 설계 향상 프로그램 |
| 1 | 동기 | 능동적 학습의 시작 | 1단계 집중 학습 | | |
| 2 | 인지 | 자생적 인지 학습 | | | |
| 3 | 인지 심화 | 인지 능력 향상 | | 2단계 집중 학습 | |
| 4 | 동기 심화 | 동기 향상 및 유지 | | | |
| 5 | 몰입 | 깊은 학습 몰입 | | | |
| 6 | 자아존중감 | 내면적 성숙 | | | |
| 7 | 창의성 | 창의성 계발 | | | 3단계 집중 학습 |
| 8 | 창의성 심화 | 창의성 학습 확장 | | | |
| 9 | 감성 | 감성 계발 | | | |
| 10 | 감성 심화 | 정서 발달 촉진 | | | |
| 11 | 사회성 | 사회성 계발 | | | |
| 12 | 사회성 심화 | 사회성 증진 | | | |

## 1. 도입

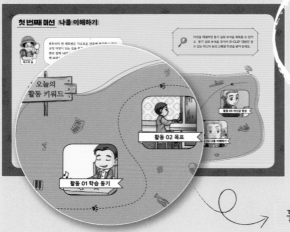

세계 위인과 함께 떠나는 탐험 미션입니다.
미션 속 5가지 활동을 키워드로 살펴봅니다.

활동 키워드로 미션 시작하기

## 2. 활동

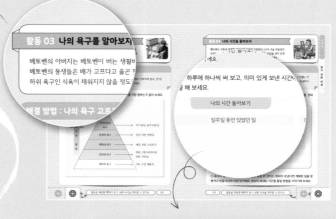

위인 이야기로 활동 알아보기

이야기로 흥미를 유발하고, 활동 문제를 풀면서 E-CLIP 개념을 내재화합니다.

E-CLIP 개념으로 활동 문제 풀기

1. 전문적이다! 송인섭 교수의 '공부의 힘을 기르는 20년 연구 완결판'

2. 체계적이다! '개인별 진단 심리 검사'와 '맞춤형 학습 교재'로 만나는 진짜 솔루션

3. 재미있다! '학습 만화《who?》의 위인'과 함께 떠나는 미션 대탐험

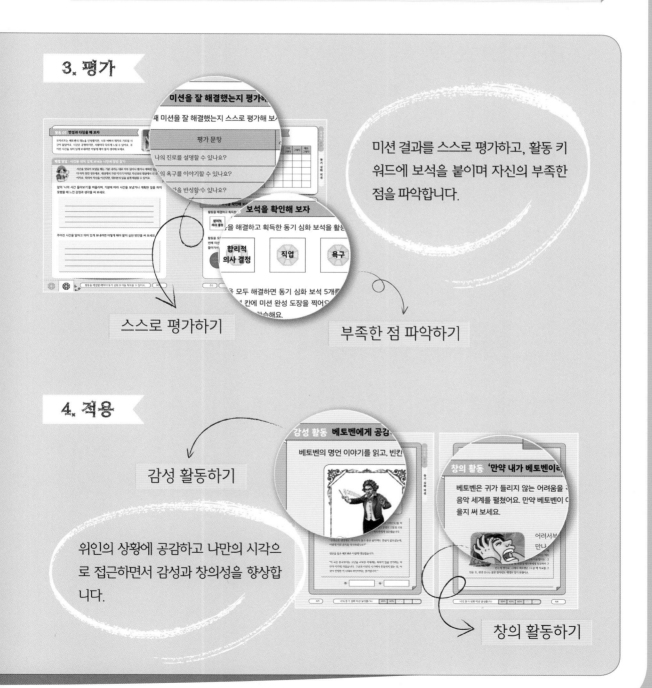

## 3. 평가

스스로 평가하기

부족한 점 파악하기

미션 결과를 스스로 평가하고, 활동 키워드에 보석을 붙이며 자신의 부족한 점을 파악합니다.

## 4. 적용

감성 활동하기

창의 활동하기

위인의 상황에 공감하고 나만의 시각으로 접근하면서 감성과 창의성을 향상합니다.

# 차례

E-CLIP 연구진
E-CLIP 소개
이 책의 구성과 특징

세계 위인과 함께 해결하는
자생력 UP 동기 심화 미션

세계 위인을 만나는
자생력 UP 동기 심화 이야기

부록
미션 가이드

세계 위인과 함께 해결하는

자생력 UP

동기 심화
미션

루트비히 판 베토벤과 함께 동기 심화 보석을 모으자!

# 등장인물

## 마스터 송

생애 : 미스터리

국적 : 한국

직업 : 아이들이 미션을 해결하는 데
도움을 주는 안내자

## 루트비히 판 베토벤

생애 : 1770~1827년

국적 : 독일

직업 : 음악가

주요 업적 : 음악의 성인으로 존경받는 천재 음악가,
〈영웅〉, 〈운명〉 등을 작곡함.

# 루트비히 판 베토벤과 함께 동기 심화 보석을 모으자!

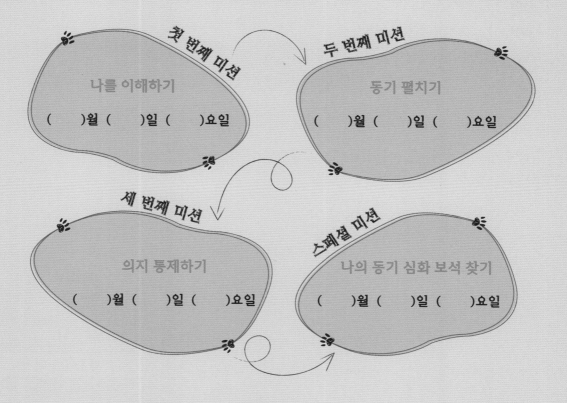

**첫 번째 미션**

나를 이해하기

(   )월 (   )일 (   )요일

**두 번째 미션**

동기 펼치기

(   )월 (   )일 (   )요일

**세 번째 미션**

의지 통제하기

(   )월 (   )일 (   )요일

**스페셜 미션**

나의 동기 심화 보석 찾기

(   )월 (   )일 (   )요일

---

 **위인 이야기**

베토벤은 천재를 원했던 아버지의 학대 밑에서 가혹한 어린 시절을 보냈어요. 그는 청력을 잃어버린 음악가였지만, 시련에 맞서 싸우며 인생의 모든 경험이 담겨 있는 곡을 만들었지요. 그는 훗날 음악으로 사람들을 위로하는 '음악의 성인'이 되었어요.

# 첫 번째 미션 나를 이해하기

**마스터 송**

루트비히 판 베토벤은 자유로운 연주에 동기를 느끼고, 궁정 악장이 되는 것을 목표로 가진 소년이었어요. 베토벤과 함께 나의 동기는 무엇인지 생각하며 미션을 해결해 보세요.

오늘의
활동 키워드

활동 02 목표

활동 01 학습 동기

미션을 해결하면 동기 심화 보석을 획득할 수 있어요. 동기 심화 보석을 모아서 E-CLIP 대원만 알 수 있는 마스터 송의 스페셜 미션을 받아 보세요.

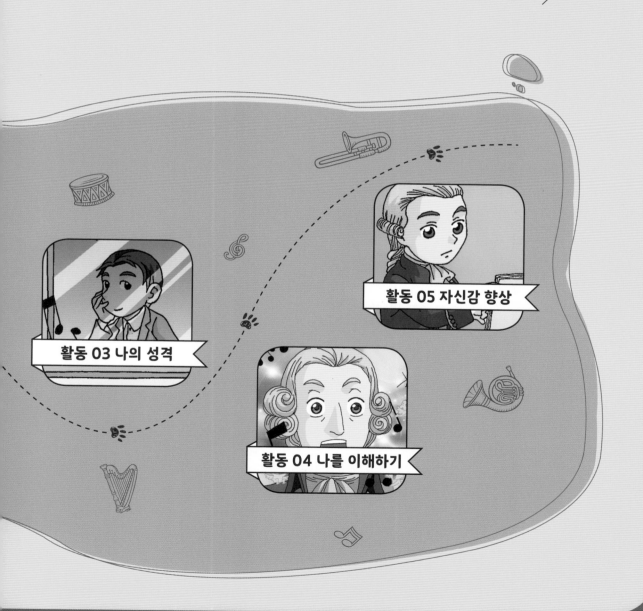

**활동 05 자신감 향상**

**활동 03 나의 성격**

**활동 04 나를 이해하기**

## 활동 01 동기를 알아보자

베토벤은 음악을 좋아하는 평범한 소년이었어요. 악보 그대로 연주하길 원하는 아버지와 달리, 베토벤은 피아노를 자유롭게 치는 것을 몹시 즐거워했지요. 그래서 자기 방식대로 피아노를 연습하곤 했어요.

### 해결 방법 : 학습 동기 쓰기

동기는 어떤 행동을 하거나 방향을 결정하고, 이것을 지속하게 하는 힘이에요. 학습 동기는 무언가를 배우려는 힘으로, 동기를 가지고 일정한 학습을 지속하는 것이에요.

보기 를 보고 나의 학습 동기를 써 보세요.

보기

> 저는 어렸을 때 우주에 관한 책을 읽었습니다. 저는 우주에 깊은 매력을 느끼고, 우주를 알아보고 싶다는 꿈을 가지게 되었습니다. 그래서 우주를 연구하는 천문학자가 되기 위해 열심히 공부하겠다고 다짐했습니다. 따라서 저의 학습 동기는 '꿈'입니다.

<br><br><br><br><br><br><br><br>

활동을 해결할 때마다 동기 심화 보석을 획득할 수 있어요.

## 활동 02 목표를 세워 보자

베토벤은 할아버지처럼 궁정 악장이 되는 것이 목표였어요. 그래서 음악 선생님께 연주법과 화성학 등 다양한 음악 이론을 배우고, 피아노 연습도 많이 했지요.

### 해결 방법 : 목표 세우기

목표를 세우려면 꿈을 찾고 장래 희망을 생각해 보는 일이 중요해요. 장래 희망을 이루기 위한 목표로 중·단기 목표와 장기 목표를 세울 수 있어요.

나의 동기를 이끌어 내는 목표를 떠올리면서, 빈칸에 알맞은 말을 써 보세요.

| | | |
|---|---|---|
| 나의 장래 희망 | | |
| 장래 희망을 선택한 이유 | | |
| 장래 희망을 이루기 위한 노력 | 중·단기 목표 | |
| | 장기 목표 | |

활동을 해결할 때마다 동기 심화 보석을 획득할 수 있어요.

베토벤은 혼자 상상하기를 좋아해서 친구들과 잘 어울리지 않았어요. 이런 베토벤의 성격을 생각해 보고, 나의 성격을 알아보는 미션을 해결해 보세요.

## 해결 방법 : 나의 성격 쓰기

자기 성격의 장점과 단점을 알고 분류하는 것은 동기를 찾고 목표를 실천하는 데 매우 중요해요. 자신의 성격을 돌아보고, 다른 사람에게 물어보면서 자신을 이해할 수 있어요.

아래 빈칸에 내가 생각하는 나의 성격을 각각 3개씩 써 보세요.

| 내가 아는 나 |
| --- |
|  |
| 내가 되고 싶은 나 |
|  |

친구나 가족, 선생님께 나의 성격을 물어보고, 빈칸에 각각 3개씩 써 보세요.

| 다른 사람이 아는 나 |
| --- |
|  |
| 다른 사람이 바라는 나 |
|  |

## 활동 04 나를 이해하는 창문을 만들어 보자

베토벤의 음악 선생님이 된 네페는 베토벤의 연주를 듣고, 그의 뛰어난 재능을 발견했어요. 네페는 베토벤의 재능뿐만 아니라 꾸준히 노력하는 베토벤의 성실함도 알아보았지요.

### 해결 방법 : 나의 성격을 분류해서 창문 빈칸에 쓰기

나를 이해하는 창문은 '내가 아는 나'와 '다른 사람이 아는 나'에 따라 '열려 있는 창', '나만 아는 창', '내가 모르는 창', '모두가 모르는 창'으로 나뉘어요.

**앞에서 쓴 나의 성격을 아래의 알맞은 칸에 넣어서 나를 이해하는 창문을 완성해 보세요.**

(앞에서 '내가 아는 나'에 쓴 내용과 '다른 사람이 아는 나'에 쓴 내용 중 같은 것은 '열려 있는 창'에 쓰고, '내가 아는 나'에만 있는 내용은 '나만 아는 창'에, '다른 사람이 아는 나'에만 있는 내용은 '내가 모르는 창'에 써요. '내가 되고 싶은 나'와 '다른 사람이 바라는 나'에 쓴 내용 중 앞에서 쓰지 않은 것은 '모두가 모르는 창'에 써요.)

| | 다른 사람이 아는 나 | 다른 사람은 모르는 나 |
|---|---|---|
| 내가 아는 나 | 열려 있는 창 | 나만 아는 창 |
| 내가 모르는 나 | 내가 모르는 창 | 모두가 모르는 창 |

활동을 해결할 때마다 동기 심화 보석을 획득할 수 있어요.

베토벤은 네페 선생님의 도움으로 바흐와 모차르트의 음악을 접했어요. 그리고 그들처럼 자신만의 음악으로 인정받는 음악가가 되기를 소망했지요. 베토벤처럼 나의 미래를 생각하면서 미션을 해결해 보세요.

## 해결 방법 : 명함 만들기

어떤 목표가 이루어질 것이라는 믿음을 가지고 노력하면, 목표를 현실로 만들 수 있어요. 이것을 '자기 충족적 예언'이라고 해요.

아래에 미래의 나를 상상해서 그리고, 나의 꿈을 담아서 미래의 명함을 만들어 보세요.

이름 :

직업 :

연락처 :

메일 주소 :

하고 싶은 말 :

명함에 쓴 꿈을 이루기 위한 나의 다짐을 써 보세요. 그리고 다짐을 읽으며 자신감을 높여 보세요.

## 미션 평가  미션을 잘 해결했는지 평가해 보자

첫 번째 미션을 잘 해결했는지 스스로 평가해 보세요.

| 평가 문항 | 매우 아니다 | 아니다 | 그저 그렇다 | 그렇다 | 매우 그렇다 |
|---|---|---|---|---|---|
| 1. 나의 동기를 설명할 수 있나요? | | | | | |
| 2. 나의 목표를 이야기할 수 있나요? | | | | | |
| 3. 나의 성격을 이해하고 설명할 수 있나요? | | | | | |
| 4. 첫 번째 미션에 흥미를 가지고 참여했나요? | | | | | |
| 5. 첫 번째 미션에 최선을 다하여 참여했나요? | | | | | |

## 미션 완성  보석을 확인해 보자

활동을 해결하고 획득한 동기 심화 보석을 활동 키워드에 맞게 붙여 보세요.

 학습 동기    목표     나의 성격    나를 이해하기    자신감 향상

활동을 모두 해결하면 동기 심화 보석 5개를 모을 수 있어요. 보석을 모두 획득하면, 첫 번째 미션 칸에 미션 완성 도장을 찍어요! 보석을 모두 획득하지 못했으면, 그 활동으로 돌아가서 다시 학습해요.

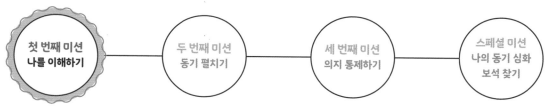

첫 번째 미션 나를 이해하기 — 두 번째 미션 동기 펼치기 — 세 번째 미션 의지 통제하기 — 스페셜 미션 나의 동기 심화 보석 찾기

활동을 해결하면서 모은 동기 심화 보석을 모두 붙여 보세요!

# 두 번째 미션  동기 펼치기

**마스터 송**

루트비히 판 베토벤은 여러 상황으로 인해 음악에 집중하면서 시간을 보내기 힘들었어요. 나는 꿈을 위해 시간을 의미 있게 쓰고 있는지 생각해 보세요.

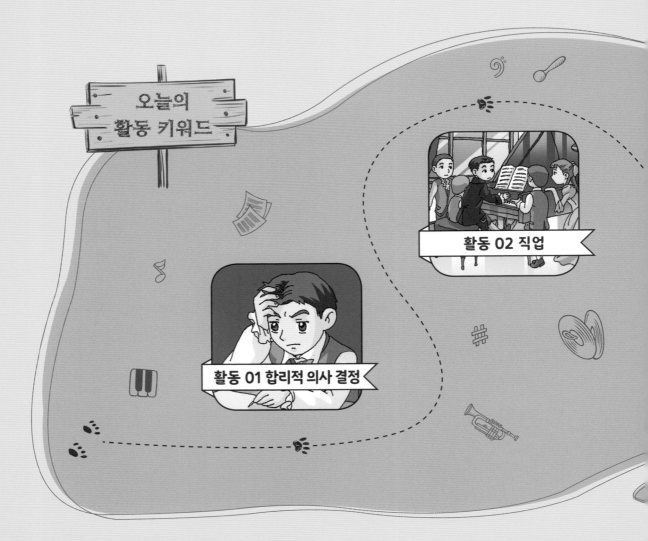

오늘의
활동 키워드

**활동 02 직업**

**활동 01 합리적 의사 결정**

미션을 해결하면 동기 심화 보석을 획득할 수 있어요. 동기 심화 보석을 모아서 E-CLIP 대원만 알 수 있는 마스터 송의 스페셜 미션을 받아 보세요.

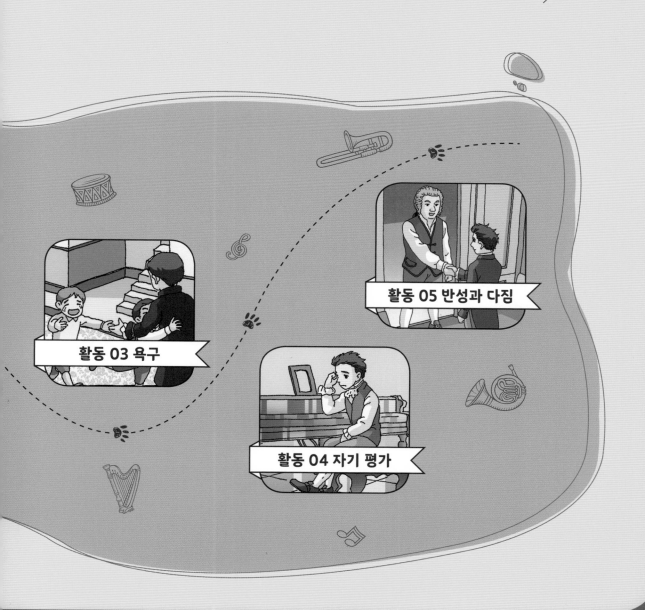

**활동 03 욕구**

**활동 04 자기 평가**

**활동 05 반성과 다짐**

## 활동 01  진로를 합리적으로 결정하자

베토벤은 피아노를 연주하는 것뿐만 아니라, 음악을 작곡하는 것에도 관심을 기울였어요. 베토벤에게 어떤 직업이 잘 어울릴지 생각해 보면서 미션을 해결해 보세요.

### 해결 방법 : 희망 직업 쓰고 평가하기

의사 결정은 어떤 문제를 해결하기 위한 여러 방법 중 가장 적절한 것을 선택하는 과정이에요. 합리적 의사 결정은 정보를 모은 뒤, 가능한 해결 방법을 제한 없이 나열해요. 그리고 해결 방법을 분석해서 선택하고 실천하는 것이지요.

진로를 결정하기 위해, 정보를 수집하려고 해요. 다양한 직업을 찾아보고, 희망 직업을 3개 이상 써 보세요.

_____

_____

희망 직업이 나와 잘 맞는지 항목별로 평가해 보세요. 나와 잘 맞는 경우 2점, 보통인 경우 1점, 나와 맞지 않는 경우 0점을 쓰고, 총점을 계산해 보세요.

| 희망 직업 | 가치관 | 흥미 | 성격 | 재능 | 학업 성취 | 경제 여건 | 총점 |
|---|---|---|---|---|---|---|---|
|  |  |  |  |  |  |  |  |
|  |  |  |  |  |  |  |  |
|  |  |  |  |  |  |  |  |
|  |  |  |  |  |  |  |  |
|  |  |  |  |  |  |  |  |

활동을 해결할 때마다 동기 심화 보석을 획득할 수 있어요.

## 활동 02  희망 직업을 분석해 보자

베토벤은 친구인 베겔러의 소개로 피아노 선생님이 되었어요. 홀로 연주만 하던 베토벤은 아이들을 가르치면서 즐겁게 지냈지요. 새로운 일에 도전하는 베토벤을 보면서 나에게 어울리는 직업을 생각해 보세요.

### 해결 방법 : 직업 분석하기

직업은 겉으로 보이는 모습뿐만 아니라, 구체적으로 무슨 일을 하고 미래 전망은 어떤지 충분히 알아보고 고민해서 결정해야 해요. 직업의 종류는 '커리어넷'과 '워크넷'에서 찾아볼 수 있어요.

나에게 가장 잘 맞는 희망 직업을 찾아보고, 직업을 분석해서 빈칸에 써 보세요.

| 희망 직업 | |
| --- | --- |

| | |
| --- | --- |
| 하는 일 | |
| 희망하는 정도 | |
| 필요한 노력 | |
| 전망 | |

활동을 해결할 때마다 동기 심화 보석을 획득할 수 있어요.

베토벤의 아버지는 베토벤이 버는 생활비를 모두 술값으로 써버렸어요.
베토벤의 동생들은 배가 고프다고 울곤 했지요. 베토벤과 동생들은 가장
하위 욕구인 식욕이 채워지지 않을 정도로 힘든 생활을 했어요.

## 해결 방법 : 나의 욕구 고르기

매슬로의 욕구 단계 이론은 인간의 욕구가 여러 단계로 이루어져 있고, 한 단
계가 충족되면 다음 단계의 욕구가 나타난다는 것이에요.

아래 욕구 단계 이론을 살펴보고, 나는 어느 단계의 욕구를 가장 원하는지 골라 보세요.

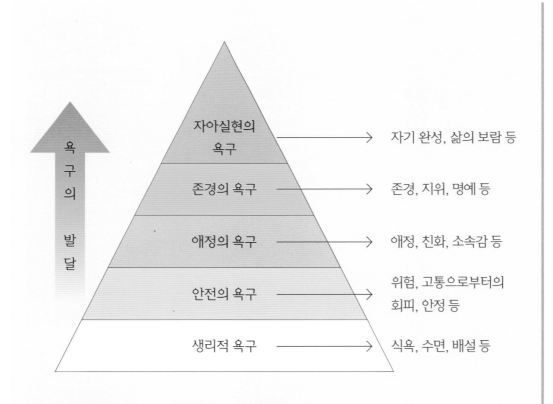

| | |
|---|---|
| 자아실현의 욕구 | 자기 완성, 삶의 보람 등 |
| 존경의 욕구 | 존경, 지위, 명예 등 |
| 애정의 욕구 | 애정, 친화, 소속감 등 |
| 안전의 욕구 | 위험, 고통으로부터의 회피, 안정 등 |
| 생리적 욕구 | 식욕, 수면, 배설 등 |

욕구의 발달

활동을 해결할 때마다 동기 심화 보석을 획득할 수 있어요.

## 활동 04  나의 시간을 돌아보자

베토벤은 가족의 생계를 책임지게 되면서 그전까지 10여 곡을 만들었던 것과는 달리 4년이 넘도록 작곡을 거의 하지 못했어요. 시간을 의미 있게 보내지 못했다고 느끼는 베토벤을 보면서 나의 시간을 돌아보세요.

### 해결 방법 : 의미 있게 보낸 시간 찾기

자기 평가는 자신을 스스로 판단하는 것으로 2단계로 나뉘어요. 1단계는 지난 시간을 되돌아보는 '나의 시간 돌아보기'이고, 2단계는 습관을 형성하기 위한 '자기 반성하기'예요.

일주일 동안 있었던 일을 하루에 하나씩 써 보고, 의미 있게 보낸 시간에는 ○표를, 헛되이 보낸 시간에는 ×표를 해 보세요.

### 나의 시간 돌아보기

| 시간 | 일주일 동안 있었던 일 | 표시 |
|------|------------------------|------|
| 월요일 | | |
| 화요일 | | |
| 수요일 | | |
| 목요일 | | |
| 금요일 | | |
| 토요일 | | |
| 일요일 | | |

○ 표시가 많다면 계획했거나 기대했던 일을 한 것이고, 헛되이 보냈다면 계획한 일을 못 했거나 빈둥거리며 지낸 것이에요. 헛되이 보내는 시간을 줄일 방법을 이야기해 보세요.

활동을 해결할 때마다 동기 심화 보석을 획득할 수 있어요.

## 활동 05 반성과 다짐을 해 보자

모차르트는 베토벤의 재능을 인정했지만, 너무 바빠서 제자로 가르칠 시간이 없었어요. 시간은 공평하지만, 사람마다 다르게 느낄 수 있어요. 주어진 시간을 의미 있게 보내려면 어떻게 해야 할지 생각해 보세요.

### 해결 방법 : 시간을 의미 있게 보내는 나만의 방법 찾기

시간을 헛되이 보냈을 때는 기분 내키는 대로 아무 일이나 했거나 계획한 일을 다 하지 못한 경우예요. 세상에서 가장 이기기 어려운 자신과의 대결에서 진 것이지요. 따라서 자신을 이긴다면, 대부분의 일을 쉽게 해결할 수 있어요.

앞의 '나의 시간 돌아보기'를 떠올리며, 기분에 따라 시간을 보냈거나 계획한 일을 하지 못했을 때 느낀 감정과 생각을 써 보세요.

주어진 시간을 알차고 의미 있게 보내려면 어떻게 해야 할지 실천 방안을 써 보세요.

활동을 해결할 때마다 동기 심화 보석을 획득할 수 있어요.

## 미션 평가  미션을 잘 해결했는지 평가해 보자

두 번째 미션을 잘 해결했는지 스스로 평가해 보세요.

| 평가 문항 | 매우 아니다 | 아니다 | 그저 그렇다 | 그렇다 | 매우 그렇다 |
|---|---|---|---|---|---|
| 1. 나의 진로를 설명할 수 있나요? | | | | | |
| 2. 나의 욕구를 이야기할 수 있나요? | | | | | |
| 3. 나의 시간을 반성할 수 있나요? | | | | | |
| 4. 두 번째 미션에 흥미를 가지고 참여했나요? | | | | | |
| 5. 두 번째 미션에 최선을 다하여 참여했나요? | | | | | |

## 미션 완성  보석을 확인해 보자

활동을 해결하고 획득한 동기 심화 보석을 활동 키워드에 맞게 붙여 보세요.

합리적 의사 결정

직업

욕구

자기 평가

반성과 다짐

활동을 모두 해결하면 동기 심화 보석 5개를 모을 수 있어요. 보석을 모두 획득하면, 두 번째 미션 칸에 미션 완성 도장을 찍어요! 보석을 모두 획득하지 못했으면, 그 활동으로 돌아가서 다시 학습해요.

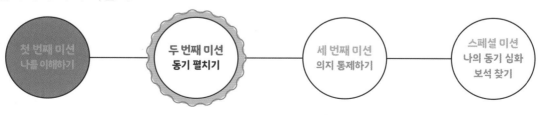

첫 번째 미션 나를 이해하기 — 두 번째 미션 동기 펼치기 — 세 번째 미션 의지 통제하기 — 스페셜 미션 나의 동기 심화 보석 찾기

활동을 해결하면서 모은 동기 심화 보석을 모두 붙여 보세요!

# 세 번째 미션 의지 통제하기

**마스터 송**

루트비히 판 베토벤에게는 음악을 향한 동기를 방해하는 요인들이 많았어요. 베토벤과 함께 나의 동기를 방해하는 요인을 어떻게 이겨 내야 할지 생각해 보세요.

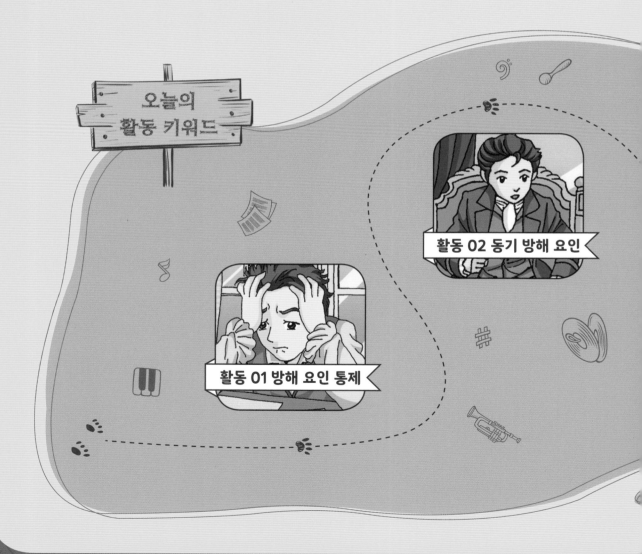

오늘의
활동 키워드

활동 02 동기 방해 요인

활동 01 방해 요인 통제

미션을 해결하면 동기 심화 보석을 획득할 수 있어요. 동기 심화 보석을 모아서 E-CLIP 대원만 알 수 있는 마스터 송의 스페셜 미션을 받아 보세요.

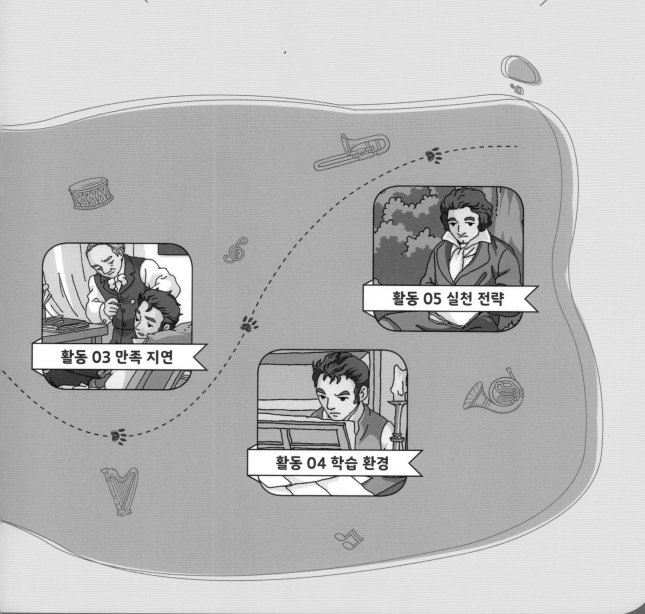

활동 03 만족 지연

활동 05 실천 전략

활동 04 학습 환경

베토벤은 어머니를 잃은 슬픔과 가장으로서의 책임감, 알코올 중독 아버지의 괴롭힘으로 작곡을 거의 하지 못했어요. 작곡하고 싶은 마음과 달리 베토벤을 방해하는 요인들이 베토벤을 붙잡았지요.

### 해결 방법 : 선택 상황을 상상해 보기

사람의 의지는 어떤 행동을 하게 해요. 동기는 자아실현을 위한 의지이고, 자기 관리는 자아실현을 위해 의지를 꾸준히 유지하는 것이지요. 의지를 유지하려면 자신을 방해하는 요인을 통제하는 것이 중요해요.

**아래 상황에서 나라면 어떤 선택을 할지 고르고, 그 이유를 써 보세요.**

  VS

만약 여러분이 중요한 숙제에 집중하고 있는데, 갑자기 배가 고파졌다고 생각해 보세요. 이때 여러분은 두 가지 중 하나를 선택할 수 있어요. 첫 번째는 숙제를 멈추고, 먼저 배고픔을 해결하는 것이에요. 그러나 이 경우에는 맛있는 음식을 먹을 수 없어요. 두 번째는 숙제를 먼저 끝마치고, 음식을 먹는 것이에요. 이 경우에는 여러분이 먹고 싶은 음식을 마음껏 먹을 수 있어요. 이 상황에서 여러분은 어떤 선택을 할까요?

_____

_____

_____

## 활동 02 동기를 방해하는 요인을 분류해 보자

베토벤은 생계를 책임져야 하는 외적 방해 요인과 꿈을 위해 빈으로 가고 싶은 마음 사이에서 고민했어요. 그러던 중 후원자의 도움으로 방해 요인을 해결했지요. 그리고 궁정 악장이 되겠다는 꿈을 품고 빈으로 떠났어요.

### 해결 방법 : 동기 방해 요인 분류하기

동기를 방해하는 요인에는 내적 요인과 외적 요인이 있어요. 내적 요인은 피곤함, 배고픔 등의 생리적 요인과 게으름과 같은 성격적 요인이에요. 외적 요인은 다양한 상황에서 발생할 수 있는 환경적 요인이에요.

학습을 하거나 숙제를 할 때, 나의 동기를 방해하는 요인은 무엇이 있는지 써 보세요. 그리고 방해 요인을 내적 요인과 외적 요인으로 나누어 선으로 연결해 보세요.

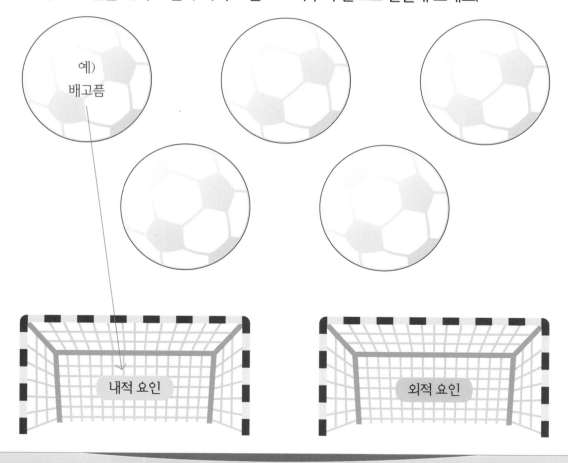

예)
배고픔

내적 요인

외적 요인

활동을 해결할 때마다 동기 심화 보석을 획득할 수 있어요.

## 활동 03 만족 지연 실험을 해 보자

베토벤은 순간의 편안함보다는 목표를 향한 의지가 더 커서, 하이든 선생님이 연주 방법이나 과제를 자세히 가르쳐 주지 않자 실망했어요. 이런 베토벤은 선택의 상황에서 어떤 반응을 보일까요?

### 해결 방법 : 선택 상황을 상상해 보기

만족 지연은 순간의 욕망이나 편안함에 지지 않고 인내하고 노력하는 정도를 뜻해요. 만족 지연 능력에 따라 목표를 이루기 위해 참고 노력하는 정도가 달라요.

소년 베토벤은 백작의 심부름을 마치고 돌아왔어요. 백작은 지금 수고비를 받으면 5만 원을 주고, 일주일 뒤에 받으면 5만 원을 더 주겠다고 말했어요. 나라면 어떤 선택을 할지 골라 보세요. 그리고 그 이유를 이야기해 보세요.

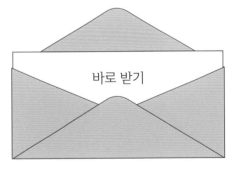

바로 받기

나중에 받기

나의 경험을 돌아보고 비슷한 상황을 떠올려 보세요. 그때는 어떤 선택을 했고, 그 이유는 무엇이었는지 써 보세요.

_____

_____

_____

## 활동 04  나의 환경을 관리해 보자

영웅을 주제로 하는 교향곡을 쓰기로 한 베토벤은 연주회로 바쁜 일정 속에서도 곡 작업에 열중했어요. 바쁜 나날을 보냈던 베토벤의 방은 어땠을지 상상하면서 미션을 해결해 보세요.

### 해결 방법 : 나의 공부방 그리기

동기를 방해하는 외적 요인은 학습 환경과 연결지을 수 있어요. 환경 관리는 동기를 충분히 활용할 수 있도록 주변 환경을 만드는 방법이에요. 공부방 정리와 같은 환경 관리도 동기 유지에 매우 중요해요.

나의 공부방을 그려 보세요.

나의 공부방은 꿈을 향한 동기를 유지하기에 적절한 환경인지 생각해 보고, 아래 표를 완성해 보세요.

| 학습을 위해 바꿔야 하는 환경 | 해결 방안 |
|---|---|
|  |  |
|  |  |

활동을 해결할 때마다 동기 심화 보석을 획득할 수 있어요.

## 활동 05　동기를 효과적으로 실현해 보자

베토벤은 귓병에 이어 손가락에 난 종기까지 곪아 수술을 받아야 했지만, 교향곡 작곡과 음악회 활동으로 바쁘게 지냈어요. 좋지 않은 몸 상태에도 다양한 일을 하고 싶었던 베토벤은 어떤 전략을 짜야 했을까요?

### 해결 방법 : 나만의 전략 찾기

목표를 실천하는 능력은 동기와 의지뿐만 아니라, 적절한 전략이나 요령도 필요해요. 그래서 나만의 효과적인 전략을 찾거나 개발해야 해요.

아래에서 효과적인 실천 전략을 쓰는 친구를 <u>모두</u> 골라 보세요.

| | |
|---|---|
| 민호 : 나는 아침 7~8시에 집중력이 가장 높아! 이 시간에 가장 어려운 수학 문제를 풀어야겠어. | 은하 : 나는 계획표를 잘 지키면 그냥 넘어가지만, 제대로 지키지 못하면 스스로 벌을 줘! |
| 지수 : 한 달에 한 번씩 나의 계획을 가족들에게 알릴 거야. | 지원 : 나는 집중력이 약하지만, 다른 친구들처럼 한 번에 3시간씩 공부하는 계획을 세울래! |

나의 동기를 방해하는 요인을 통제하고 동기를 실현할 수 있는 나만의 전략을 써 보세요.

_____

_____

_____

_____

## 미션 평가 미션을 잘 해결했는지 평가해 보자

세 번째 미션을 잘 해결했는지 스스로 평가해 보세요.

| 평가 문항 | 매우 아니다 | 아니다 | 그저 그렇다 | 그렇다 | 매우 그렇다 |
|---|---|---|---|---|---|
| 1. 동기를 방해하는 요인을 설명할 수 있나요? | | | | | |
| 2. 만족 지연이 무엇인지 말할 수 있나요? | | | | | |
| 3. 나만의 실천 전략을 이야기할 수 있나요? | | | | | |
| 4. 세 번째 미션에 흥미를 가지고 참여했나요? | | | | | |
| 5. 세 번째 미션에 최선을 다하여 참여했나요? | | | | | |

## 미션 완성 보석을 확인해 보자

활동을 해결하고 획득한 동기 심화 보석을 활동 키워드에 맞게 붙여 보세요.

방해 요인 통제

동기 방해 요인

만족 지연

학습 환경

실천 전략

활동을 모두 해결하면 동기 심화 보석 5개를 모을 수 있어요. 보석을 모두 획득하면, 세 번째 미션 칸에 미션 완성 도장을 찍어요! 보석을 모두 획득하지 못했으면, 그 활동으로 돌아가서 다시 학습해요.

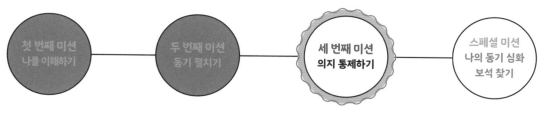

첫 번째 미션 나를 이해하기 — 두 번째 미션 동기 펼치기 — 세 번째 미션 의지 통제하기 — 스페셜 미션 나의 동기 심화 보석 찾기

활동을 해결하면서 모은 동기 심화 보석을 모두 붙여 보세요!

# 나의 동기 심화 보석 찾기

**마스터 송**

3가지 미션을 모두 해결하다니 대단해요. 앞의 미션을 완료한 대원에게 주는 마지막 스페셜 미션은 '나의 동기 심화 보석 찾기'예요. 루트비히 판 베토벤과 함께 알아본 동기를 떠올리며 나의 동기를 심화해 보세요!

## 탐구 활동

### 베토벤의 동기를 알아보자

## 감성 활동

### 베토벤에게 공감하며 명언 카드를 완성해 보자

## 창의 활동

### '만약 내가 베토벤이라면?' 상상해 보자

베토벤의 동기를 정리하고, 나의 동기 심화 보석 찾기로 연결해 보세요. 나를 이해하고 내가 좋아하는 일을 찾는 것이 세상에서 가장 소중한 나만의 보석이에요.

**주도성 활동**

## 위인이 된 나를 그려 보자

**향상 활동**

## '만약에' 퍼즐을 만들어 보자

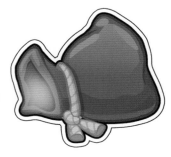

## 탐구 활동   베토벤의 동기를 알아보자

베토벤을 인터뷰하고 있어요. 인터뷰를 읽고, 빈칸에 들어갈 대답을 이야기해 보세요.

안녕하세요, 베토벤 선생님. 선생님께서는 〈영웅〉과 〈운명〉 등 많은 명곡을 작곡하셨는데요. 어떻게 그런 좋은 음악들을 만드셨나요?

저는 피아노를 자유롭게 연주할 때가 가장 즐거웠습니다. 어려서부터 즉흥곡 연주를 좋아했는데, 네페 선생님을 만나면서 작곡을 배우고 저만의 음악 세계를 표현할 수 있었습니다.

그렇군요. 선생님의 음악은 여러 방해 요인과 싸우며 이겨 낸 삶이 그대로 담겨 있어 더 감동을 줍니다. 귀가 들리지 않는 위기를 이겨 내고 음악을 계속하실 수 있던 동기는 무엇이었나요?

그렇군요. 인터뷰 정말 감사드립니다. 마지막으로 선생님의 성공 비결은 무엇이었는지 한마디 해 주십시오.

저에게는 수많은 어려움이 있었습니다. 이런 저의 성공 비결은 어려움에 맞서 싸우는 의지와 인내였습니다. 제가 음악을 향한 마음으로 어려움을 이겨 냈듯이, 여러분도 살면서 만나는 어려움을 잘 견디길 바랍니다. 감사합니다.

## 감성 활동 베토벤에게 공감하며 명언 카드를 완성해 보자

베토벤의 명언 이야기를 읽고, 빈칸에 알맞은 말을 써 보세요.

고난과 시련의 시기에서
⑦ 않는 것,
이는 진정한 이 시대의
⑭ 이라는 증거다.

요양을 마치고 돌아온 베토벤은 종교 음악인 〈감람산의 그리스도〉를 작곡해 연주했습니다. 베토벤은 이 곡에 자신이 겪었던 운명의 고통과 극복을 담았습니다. 연주가 끝나자, 관객 한 명이 베토벤에게 질문했습니다.

"선생님은 성당에도 다니시지 않고 종교 음악에도 관심이 없으셨는데, 어떻게 이런 음악을 작곡하셨나요?"

질문을 들은 베토벤은 이렇게 대답했습니다.

"이 곡은 종교보다는 고난을 극복한 자에게는 축복이 있을 것이라는 자연적 이치에 가깝습니다. 고난과 시련의 시기에서 흔들리지 않는 것, 이것이 진정한 이 시대의 위인이라는 증거입니다."

⑦ : [        ]          ⑭ : [        ]

베토벤은 귀가 들리지 않는 어려움을 겪으면서도 음악에 대한 의지로 자신만의 음악 세계를 펼쳤어요. 만약 베토벤이 어려움을 극복하지 못했으면, 어떻게 되었을지 써 보세요.

어려서부터 즉흥곡 연주를 좋아했던 베토벤은 네페를 만나 작곡에 눈을 뜨게 되었어요. 1800년에 이르러서 베토벤은 교향곡 작곡을 시작하지만, 안타깝게도 그 무렵 난청이 찾아왔어요. 귀가 들리지 않는 베토벤의 생활은 엉망이 되었지요. 하지만 베토벤은 완성하지 못한 음악을 잊지 못했고, 새로운 음악에도 도전하고 싶었어요. 그래서 베토벤은 소리가 존재하지 않는 세계에서 자신만의 음악을 만들어 내기 시작했지요.

아래와 같은 상황에서 내가 베토벤이라면 어떻게 했을지 써 보세요.

베토벤의 아버지는 4살밖에 되지 않은 베토벤에게 바이올린을 켜거나 피아노를 치는 일을 강요했어요. 베토벤이 점점 재능을 보이자, 베토벤의 아버지는 베토벤을 신동이라고 광고하며 돈벌이에 이용했지요. 그리고 더 많은 돈을 벌 욕심에 베토벤에게 학교까지 그만두게 했어요. 그래서 베토벤은 11살 때 학교를 그만둔 후, 평생 산수는 물론 철자법도 제대로 알지 못했어요.

## 주도성 활동 위인이 된 나를 그려 보자

베토벤은 어려움을 견뎌 내고 자신의 꿈을 이룬 훌륭한 위인이에요. 다양한 위인을 떠올리며, 위인이 된 나의 모습을 그리고 프로필을 써 보세요.

### 위인이 된 나!

| 위인이 된 나의 모습 | 위인의 프로필 |
| --- | --- |
|  | 이름 :<br><br>생애 :<br><br>직업 :<br><br>대표 업적 :<br><br>기타 : |

나에게는 어떤 동기가 있기에 뛰어난 위인이 되었는지 위인이 된 나의 이야기를 상상해서 써 보세요.

_____

_____

_____

_____

나의 동기 심화 미션 달성률(%) | 20% | 40% | 60% | 80% | 100%

앞에서 상상한 위인이나 내가 좋아하는 위인 1명을 골라 보세요. 그런 다음 아래 예를 참고해서 그 위인을 대상으로 '만약에'로 시작하는 질문과 대답을 써보세요.

예)
만약에 이 위인과 닮은 위인이 있다면 누구일까?
만약에 외계인이 있다면, 이 위인을 보고 어떻게 생각했을까?
만약에 이 위인이 나의 선생님이라면 어떨까?

| 질문 | 대답 |
|------|------|
| 질문 | 대답 |
| 질문 | 대답 |

## 미션 평가  미션을 잘 해결했는지 평가해 보자

스페셜 미션을 잘 해결했는지 스스로 평가해 보세요.

| 평가 문항 | 매우 아니다 | 아니다 | 그저 그렇다 | 그렇다 | 매우 그렇다 |
|---|---|---|---|---|---|
| 1. 베토벤의 동기를 설명할 수 있나요? | | | | | |
| 2. 나의 동기를 이야기할 수 있나요? | | | | | |
| 3. '만약에' 질문을 만들고 대답할 수 있나요? | | | | | |
| 4. 스페셜 미션에 흥미를 가지고 참여했나요? | | | | | |
| 5. 스페셜 미션에 최선을 다하여 참여했나요? | | | | | |

## 미션 완성  미션을 확인해 보자

활동을 모두 해결하면 스페셜 미션 칸에 미션 완성 도장을 찍어요! 활동을 모두 해결하지 못했으면, 그 활동으로 돌아가서 다시 학습해요.

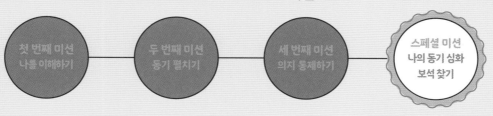

첫 번째 미션
나를 이해하기

두 번째 미션
동기 펼치기

세 번째 미션
의지 통제하기

스페셜 미션
나의 동기 심화
보석 찾기

이 단원에서 해결한 동기 심화 미션을 떠올리며, 나의 자생력은 무엇인지 이야기해 보세요. 자생력은 인공지능과 다른 인간만의 고유한 특성으로, 스스로 주도해서 자아실현의 길로 나아가게 만드는 힘이에요. 어려움을 견디고 꿈을 찾아 나아가게 하는 나만의 힘은 무엇인가요?

나의 동기 심화 미션 달성!

* 루트비히 판 베토벤과 함께 동기 심화를 알아보았어요. 베토벤과 같은 위인은 인공지능을 어떻게 생각할까요? 내가 직접 위인이 되어 역할극을 하면서 위인의 마음을 생각해 보세요.

* '세계 위인을 만나는 자생력 UP 동기 심화 이야기'에서는 정약용, 버지니아, 간디가 위인 세계에 모여서 동기를 심화하는 이야기를 나누고 문제를 해결해 나가요. 이는 허구적인 내용을 바탕으로 '위인은 동기를 어떻게 높일까?'에 대해 상상하여 쓴 창작 대본이에요.

세계 위인을 만나는

자생력 UP

이야기

위인이 되어 역할극을 해 보자!

## 마스터 송

생애 : 미스터리

국적 : 한국

직업 : 아이들이 미션을 해결하는 데
도움을 주는 안내자

## 정약용

생애 : 1762~1836년

국적 : 한국

직업 : 실학자

주요 업적 : 《목민심서》, 《경세유표》, 《여유당전서》 등을 씀.

### 위인 이야기

정약용은 어릴 때부터 과학과 의학 등 여러 분야를 공부하며
백성들을 위하는 마음을 길렀어요. 과거에 급제한 정약용은
정조의 신임을 받았지만, 이를 못마땅하게 여긴 세력의
횡포로 유배를 갔어요. 정약용은 유배지에서도 백성을
위해 참된 관리에 관한 책인 《목민심서》를 썼지요.

## 버지니아 울프

생애 : 1882~1941년

국적 : 영국

직업 : 소설가, 평론가

주요 업적 : 《자기만의 방》, 《댈러웨이 부인》 등을 씀.

### 위인 이야기

버지니아는 의붓 오빠들의 괴롭힘과 사랑하는 가족들의 연이은 죽음으로 힘들었지만, 어려운 상황에서도 책을 읽고 글을 쓰며 마음을 달랬어요. 여성에 대한 차별로 교육을 받기 어려운 시절이었지만, 버지니아는 책에서 인생의 등불을 찾으며 매일 공부했지요. 그리고 마침내 버지니아는 당대 최고의 작가가 되었어요.

## 마하트마 간디

생애 : 1869~1948년

국적 : 인도

직업 : 변호사, 인권 운동가

주요 업적 : 국산품 애용 운동, 비폭력 저항 운동을 함.

### 위인 이야기

간디는 내성적인 성격 탓에 친구들과 어울리지 못하고 어머니와 보내는 시간이 많았어요. 대학 시절 진로를 고민하던 간디는 인도인을 위해 변호사가 되기로 결심하고, 영국 유학을 떠났지요. 훗날 간디는 인도인의 인권을 대변하는 변호사로 성장해서 인도의 독립을 위해 비폭력 저항 운동을 했어요.

평화로운 위인 세계에도 인공지능이 도입되고 있다. 인공지능 기술은 위인들의 생활에 편리함을 주지만, 위인들을 고민에 빠뜨리기도 한다. 정약용은 위인들의 고민을 알아채고, 문제 해결에 뛰어난 능력자인 마스터 송을 찾아가 위인들이 인공지능을 편리하게 쓸 수 있게 도와주려 한다.

## 역할극 대본

정약용이 산속에서 마스터 송을 찾아 헤맨다. 두리번거리며 열심히 찾지만, 아무리 찾아도 마스터 송은 보이지 않는다.

정약용

(두리번거리며) 분명 저번에 이쪽으로 가시는 걸 봤는데⋯. 대체 어디에 계시는 걸까?

마스터 송

(뒤에서 나타나며) 나를 찾고 있나요?

정약용

(깜짝 놀라며) 앗! 마스터 송이시군요. 잘 지내셨죠? 제 친구들이 인공지능의 발달로 고민하고 있어요. 위대한 마스터 송께서 친구들을 도와주세요.

마스터 송

기술의 발달은 편리한 만큼 잘 이용하는 것이 중요하죠. 친구들이 어떤 문제로 힘들어하는지 만나서 알아봅시다.

정약용

(밝은 목소리로) 네!

정약용과 마스터 송이 버지니아를 찾아간다. 정약용이 가리킨 곳에 버지니아가 울고 있다.

마스터 송

(걱정스러운 목소리로) 버지니아, 왜 울고 있나요?

버지니아

(고개를 들어 쳐다보며) 마스터 송이시군요. 저는 인공지능의 발달로 글을 편리하게 쓸 수 있어서 기뻤어요. 인공지능은 타자기로 글자를 하나하나 치지 않아도 제 말을 그대로 글로 옮겨 주었지요.

정약용

그럼 인공지능이 너의 글쓰기에 도움을 준 거 아니야?

버지니아

(정약용을 보며) 맞아, 약용아. 하지만 자동 글쓰기 인공지능 때문에 글을 쓰기가 더 어려워졌어.

정약용

(궁금한 표정으로) 자동 글쓰기 인공지능?

역할극을 따라 하면서 동기 심화를 학습할 수 있어요.

**버지니아** 응. 문학 작품부터 SNS까지 다양한 글을 학습한 인공지능이 글을 쓰는 거야. 인공지능 덕분에 다양한 글이 많아졌지만, 마구잡이로 늘어나는 소설 때문에 무슨 글을 써야 하는지, 지금 글을 쓰는 게 맞는지 직업에 관한 고민이 생겼어.

**마스터 송** (앞으로 나오며) 버지니아가 작가라는 직업을 선택한 이유는 무엇이었나요?

**버지니아** (마스터 송을 보며) 다른 사람의 글을 읽고 제 글을 쓰는 일이 저에게 가장 행복한 일이기 때문이에요. 또 조용하고 호기심 많은 저의 성격과도 잘 맞는 일이었죠.

**마스터 송** 직업을 바꾸려면 많은 분석과 고민이 필요합니다. 작가에 관해 조사해 본 적이 있나요?

**버지니아** (고개를 저으며) 아니요. 책을 좋아해서 글을 쓰기 시작했지만, 작가에 관해 자세히 알아본 적은 없어요.

**마스터 송** 직업을 선택하거나 바꿀 때는 내가 이 직업과 진짜 잘 맞는지 충분히 고민해서 결정해야 합니다. 자료 조사를 한 뒤 나의 성격이나 욕구와 비교하며 꼼꼼히 확인해 보세요.

**정약용** 버지니아! 우리 같이 자료를 찾아보자!

마스터 송의 말을 듣고, 정약용과 버지니아는 스마트폰으로 작가에 관한 자료 조사를 한다. 그러던 중 버지니아가 무언가 생각난 듯이 마스터 송을 부른다.

**버지니아** 아하! 마스터 송, 작가에 관해 조사를 해 보니 알겠어요. 작가는 마음으로 글을 쓰는 직업이에요. 마음이 없는 인공지능은 단어를 조합해서 사람이 쓰는 것과 비슷한 글을 쓸 수 있지만, 창의성과 감성이 담긴 글은 쓸 수 없어요.

**정약용** (맞장구치며) 맞아요. 인공지능은 뛰어난 기술로 우리에게 편리함을 주지만, 창의성과 감성은 인간만의 것이에요. 창의적이고 구성이 독특한 버지니아의 글을 누가 따라오겠어요!

**버지니아** (밝은 표정으로) 하하, 앞으로 내 마음을 담은 글을 쓰면서 시간을 의미 있게 보내야겠어.

**마스터 송** (손뼉 치며) 아주 훌륭하군요. 방금 버지니아처럼 자신을 반성하고 다짐하는 것도 인공지능은 할 수 없는 인간만의 것이지요.

**버지니아** 저는 이제 인공지능을 두려워하지 않고 저만의 방법으로 인공지능을 잘 이용할 거예요.

버지니아가 신나서 뛰어간다.

역할극을 따라 하면서 동기 심화를 학습할 수 있어요.

마스터 송

(정약용을 보며) 이제 문제가 해결된 건가요?

정약용

(고개를 저으며) 아니요. 한 친구가 더 남았어요. 한 번 더 도와주세요!

마스터 송

(궁금한 표정으로) 이번에는 어떤 친구죠?

정약용의 발걸음을 따라 정약용과 마스터 송이 간디에게로 향한다. 간디는 기운 없는 표정으로 주저앉아 있다.

마스터 송

(간디를 보며) 무슨 일로 이렇게 힘이 없나요?

간디

(자리에서 일어나며) 안녕하세요, 마스터 송. 저는 평생 세계의 평화를 위해 힘써왔어요. 그런데 인공지능 기술이 발달하면서 평화를 깨는 새로운 문제들이 생겨서 걱정입니다.

정약용

(고개를 끄덕이며) 맞아. 저번에 친구처럼 대화할 수 있는 인공지능 어플이 나와서 써 봤는데, 인종 차별과 성차별 문제가 있더라고!

간디

(정약용을 보며) 그래. 인공지능이 한쪽에 치우친 데이터만 학습하면, 우리에게 주는 정보도 차별적이지. 잘 모르는 사람들은 그걸 올바른 정보로 받아들일 수도 있고, 사회적으로 분쟁이 생길 수도 있어. 저번에는 버지니아가 찍은 적이 없는 영상이 돌아다닌다고 해서 확인해 보니, *딥페이크로 만든 합성 동영상이더라고. 이대로라면 진짜와 가짜를 구분하기 어려운 세상이 될 거야.

* 딥페이크 : 인공지능 기술을 이용해 만들어진 가짜 동영상

마스터 송

그렇군요. 역시 인공지능을 잘 이용하는 것이 중요하겠어요. 이를 위해 간디가 힘써 주는 건 어떨까요? 인류의 평화를 위해 말이죠.

 간디

(당황하며) 제가 무엇을 할 수 있을까요?

 마스터 송

어떤 일을 이루려고 하는 마음을 꿋꿋하게 지켜 나가는 힘인 의지력을 보여 주세요. 간디는 방해 요인 차단을 잘하잖아요.

 정약용

(마스터 송을 보며) 간디는 피곤함이나 게으름 같은 내적 방해 요인은 거의 없는 친구예요.

 간디

(심각한 표정으로) 잘못된 인공지능처럼 평화를 위협하는 외적 방해 요인을 어떻게 통제할 수 있나요?

 마스터 송

인공지능 윤리 원칙을 만들어 널리 퍼뜨려 보세요. 한쪽에 치우친 데이터와 그릇된 목적의 합성 동영상 등 다양한 문제를 정리한 원칙을 만들 수 있습니다. 평화를 이루고 싶은 간디의 목표로 동기를 불러일으키세요.

 간디

(고개를 끄덕이며) 아! 그런 방법이 있었군요.

간디는 자신이 본 인공지능의 문제점과 인공지능을 편리하게 이용할 수 있는 방법을 담아, 인공지능 윤리 원칙을 만든다. 정약용은 버지니아와 간디에게 도움을 준 마스터 송께 감사 인사를 한다.

자생력 UP

동기 심화 이야기

역할극을 따라 하면서 동기 심화를 학습할 수 있어요.

## 마스터 송

## 정약용

## 버지니아 울프

## 마하트마 간디

## 미션 가이드

※ E-CLIP 미션의 문제에는 여러 가지 답이 나올 수 있습니다. 본 미션 가이드는 참고용으로 활용하시길 바랍니다.

※ 교사용 개념과 지도 가이드가 포함된 교사용 PDF는 다산전인교육캠퍼스 홈페이지(www. dasaneducation.co.kr)에서 교사 인증 후 신청하실 수 있습니다.

### 1차시

**18쪽**
- (예시) 저는 야구를 할 때 가장 재미있고, 행복합니다. 경기를 보면서 잘 던지고 잘 치는 방법을 연구하고 연습하는데, 그 과정이 즐거워서 시간 가는 줄 모를 때가 많습니다. 따라서 저의 학습 동기는 '흥미'입니다.

**19쪽**
- (예시) 나의 장래 희망 : 야구 선수
장래 희망을 선택한 이유 : 야구를 할 때 가장 재미있다.
중·단기목표 : 매일 2시간씩 공을 던지고 치는 연습을 한다. / 주말마다 초등학교 야구 경기에 참여한다.
장기 목표 : 메이저리그에서 한국을 알리는 야구 선수가 될 것이다.

**20쪽**
- (예시) 내가 아는 나 : 소심하다 / 논리적이다 / 친절하다
내가 되고 싶은 나 : 무엇이든 잘 참는다 / 활기차다

/ 당당하다
- (예시) 다른 사람이 아는 나 : 신중하다 / 친절하다 / 답답하다
다른 사람이 바라는 나 : 배려심이 깊다 / 당당하다 / 논리적이다

**21쪽**
- (예시) 열려 있는 창 : 친절하다
나만 아는 창 : 소심하다, 논리적이다
내가 모르는 창 : 신중하다, 답답하다
모두가 모르는 창 : 무엇이든 잘 참는다 / 활기차다 / 당당하다 / 배려심이 깊다

**22쪽**
- (예시) 멀리 공을 치는 야구 선수의 모습을 그린 그림
이름 : 김민재
직업 : 야구 선수
연락처 : 012-1111-2222
메일 주소 : minjae@dasanbooks.com
하고 싶은 말 : 메이저리그의 간판! 타율 1위의 야구 선수 '김민재'입니다.
- (예시) 훌륭한 야구 선수가 되기 위해, 게으름을 피우지 말고 매일 야구 연습을 해야겠다.

### 2차시

**26쪽**
- (예시) 로봇 개발자, 비행기 조종사, 사진작가
- (길잡이) 각각의 직업을 찾아보면서 나와 잘 맞는

지에 따라 점수를 써 보세요. 총점을 기준으로 나에게 가장 어울리는 직업이 무엇인지 생각해 보세요.

## 27쪽
- (예시) 희망 직업 : 로봇 개발자
하는 일 : 생활이나 의료에 도움이 되는 로봇을 만든다.
희망하는 정도 : 장난감 로봇이 신기해서 분해해 보고, 로봇 청소기도 졸졸 따라다닐 만큼 로봇을 좋아한다.
필요한 노력 : 새로 나오는 로봇을 알아보고, 관련이 높은 수학과 과학 공부도 열심히 한다.
전망 : 로봇이 사람의 일을 대신하고 있어서, 앞으로도 로봇은 계속 늘어날 것이다.

## 28쪽
- (예시) 자아실현의 욕구

## 29쪽
- (예시) 월요일 : 학교에서 배운 내용을 복습했다. / ○
화요일 : 스마트폰 게임을 2시간 넘게 했다. / ×
수요일 : 친구들과 PC방에서 게임을 했다. / ×
목요일 : 진로에 관련된 생활 속 로봇 영상 찾아봤다. / ○
금요일 : 로봇과 관련된 책을 읽었다. / ○
토요일 : 로봇 체험관에서 로봇을 관찰하고 조종해 봤다. / ○
일요일 : 하루 종일 침대에서 SNS를 했다. / ×
- (예시) 게임이나 SNS 이용 시간을 줄일 수 있는 계획표를 만들어서, 지키기 위해서 노력할 것이다.

## 30쪽
- (예시) 하루 종일 스마트폰만 한 날은 해야 할 일을 못 해서 후회스럽고 내일부터 잘해야겠다는 생각이 든다.
- (예시) 기분이 안 좋은 일이 있더라도 마음을 잘 다스리고, 하루 계획을 꼼꼼하게 세워서 오늘 할 일을 내일로 미루지 말아야겠다.

## 3차시
## 34쪽
- (예시) 숙제를 멈추고 먼저 배고픔을 해결한 다음, 숙제를 다시 할 것이다. 맛있는 음식을 먹지 못하더라도, 배가 계속 고프면 숙제에 집중할 수 없기 때문이다.

## 35쪽
- (예시) 내적 요인 : 게임하고 싶은 마음, 게으름
외적 요인 : 매일 놀자고 하는 친구, 정리하지 않은 책상

## 36쪽
- (예시) 나중에 받기 / 당장의 욕심을 버리면 더 많은 돈을 받을 수 있기 때문이다.
- (예시) 아빠께서 지금 스마트폰을 보면 30분만 쓸 수 있고, 숙제를 다 하고 스마트폰을 보면 2시간 동안 쓸 수 있다고 하신 적이 있다. 이때 나는 스마트폰을 더 오래 쓰기 위해 숙제부터 했었다.

## 37쪽
- (예시) 정리하지 않은 더러운 책상이 있고, 조명이 어두운 공부방 그림

- (예시) 학습을 위해 바꿔야 하는 환경 : 정리하지 않은 책상, 어두운 조명
해결 방안 : 책상을 정리한다. / 천장 조명 바로 아래로 책상을 이동하거나 책상에 스탠드를 놓는다.

38쪽
- 민호, 지수
- (예시) 친구들이 밖에서 놀자는 말에 잘 흔들리니까 공부하는 동안에는 스마트폰을 꺼 둘 것이다. / 나는 집중력이 부족하니까 30분 단위로 쪼개서 미션을 해결하듯이 숙제를 할 것이다.


## 4차시

42쪽
- 음악을 향한 열정이 저를 일으켜 세웠습니다. 그래서 들리지 않는 귀를 재산으로 여기며 소리가 없는 세계에서 저만의 음악을 만들기 시작했습니다.

43쪽
- ㉮ 흔들리지, ㉯ 위인

44쪽
- (예시) 베토벤은 작곡을 그만두었을 것이고, 위대한 작곡가 베토벤은 존재하지 못했을 것이다.
- (예시) 억지로 연주하는 것이 싫어서 더 이상 음악 공부를 하지 않았을 것이다.

45쪽
- (예시) 새로 개발한 로봇과 상을 들고 서 있는 모습을 그린 그림
이름 : 김지원

생애 : 2012. 5. 8. ~ 2135. 12. 1.
직업 : 로봇 개발자
대표 업적 : 원하는 대로 로봇을 만드는 어머니 로봇과 로봇 신소재를 개발함. / 노벨물리학상을 수상함.
기타 : 로봇과 관련해서 전세계를 다니며 연구함, 로봇 개발로 얻은 수익을 모두 기부함.
- (예시) 로봇의 다양한 움직임을 관찰하는 것이 즐거웠고, 생활을 편리하게 하는 로봇은 늘 저의 호기심을 자극했습니다. 마음이 이끄는 대로 묵묵히 노력하다 보니, 이런 업적을 세울 수 있었습니다.

46쪽
- (예시) 위인 : 마하트마 간디
질문 : 만약에 간디가 도덕적인 사람이 아니라면? / 대답 : 인도의 비폭력 저항 운동은 없었을 것이다.
질문 : 만약에 간디가 비폭력 운동에 실패했다면 간디는 좌절했을까? / 대답 : 아니다. 좌절하지 않고 극복하고 이겨냈을 것이다.
질문 : 만약에 간디가 리더십이 없었다면? / 대답 : 비폭력 저항 운동을 성공적으로 이끌지 못했을 것이다.

# 세계 위인과 함께 해결하는 E-CLIP 미션 대탐험

**E-CLIP**

**who?**

학습 만화 《who?》의 세계 위인과 함께 미션을 해결하는
12권의 '감성적 창의 주도성' 향상 프로그램!

## E-CLIP 구성

| 권 | 주제 | 각 권 대표 위인 | 이야기 속 위인 |
|---|---|---|---|
| 1 | 동기 | 알렉산더 플레밍 | 에이브러햄 링컨, 찰스 다윈, 레이철 카슨 |
| 2 | 인지 | 레이철 카슨 | 레오나르도 다빈치, 리처드 파인먼, 마리아 몬테소리 |
| 3 | 인지 심화 | 마리아 몬테소리 | 토머스 에디슨, 오리아나 팔라치, 루트비히 판 베토벤 |
| 4 | 동기 심화 | 루트비히 판 베토벤 | 마하트마 간디, 버지니아 울프, 정약용 |
| 5 | 몰입 | 정약용 | 하인리히 슐리만, 아멜리아 에어하트, 헬렌 켈러 |
| 6 | 자아존중감 | 헬렌 켈러 | 알베르트 슈바이처, 신사임당, 스티브 잡스 |
| 7 | 창의성 | 스티브 잡스 | 헬렌 켈러, 알렉산더 플레밍, 스티브 잡스 |
| 8 | 창의성 심화 | 알베르트 아인슈타인 | 스티브 잡스, 레이철 카슨, 알베르트 아인슈타인 |
| 9 | 감성 | 마더 테레사 | 알베르트 아인슈타인, 루트비히 판 베토벤, 마더 테레사 |
| 10 | 감성 심화 | 월트 디즈니 | 마더 테레사, 정약용, 월트 디즈니 |
| 11 | 사회성 | 세종 대왕 | 월트 디즈니, 마리아 몬테소리, 세종 대왕 |
| 12 | 사회성 심화 | 마하트마 간디 | 세종 대왕, 마하트마 간디 |

\* E-CLIP / 대상 초등학교 전 학년 / 책 크기 200 X 260 / 각 권 쪽수 70쪽 내외
\* who? / 대상 초등학교 전 학년 / 책 크기 188 X 255 / 각 권 쪽수 180쪽 내외